Thomas Opfermann

Das deutschsprachige Haiku

Eine gattungsgeschichtliche Betrachtung

Thomas Opfermann, geboren 1975 in Stolberg / Rheinland, Diplom-Kaufmann, Studium der Kulturwissenschaften (Literaturgeschichte / Philosophie) verfasst neben seiner beruflichen Tätigkeit als Dozent (Betriebswirtschaftslehre / Literatur) Haikus und Kurzgeschichten; Ausrichter von literarischen Workshops und Seminaren, Redaktionsmitglied der Zeitschrift „Sommergras", Mitglied der Deutschen Haiku-Gesellschaft; diverse Veröffentlichungen eigener Haikus und Kurzgeschichten in Anthologien sowie Herausgeber von literarischen Anthologien.

Thomas Opfermann

Das deutschsprachige Haiku

Eine gattungsgeschichtliche Betrachtung

Bibliografische Information der Deutschen Nationalbibliothek:
Die Deutsche Nationalbibliothek verzeichnet diese Publikation in der Deutschen Nationalbibliografie; detaillierte bibliografische Daten sind im Internet über http://dnb.dnb.de abrufbar.

© 2020 Opfermann, Thomas
Herstellung und Verlag: BoD – Books on Demand, Norderstedt
ISBN: 9783751900331

Inhalt

Vorwort

Liebe Leser und Leserinnen,

Die vorliegende Arbeit entstand im Rahmen meines Studiums „BA Kulturwissenschaft" am „Institut für Neuere deutsche Literatur- und Medienwissenschaft" der Fernuniversität Hagen (Note: 1,0).

Inhaltlich wurden im Rahmen der vorliegenden Veröffentlichung keine Veränderungen vorgenommen. Es wurde im Zuge der Lesefreundlichkeit lediglich auf die Wiedergabe des Deckblatts und der Versicherung verzichtet. Hinsichtlich des Layouts wurden ebenfalls nur geringe Veränderungen (Seitenumbrüche) vorgenommen.

Stolberg, März 2020

Thomas Opfermann

1. Einleitung

„Das Haiku-Gedicht ist der Höhepunkt der Dichtung in Japan."[1] Etabliert wurde das Haiku zu Beginn des 16. Jahrhunderts durch Bashō, der allerdings noch die Bezeichnung Haikai (no Renga) verwendete.[2] Die Bezeichnung Haiku „wurde erst ab Shiki (1867-1902) üblich".[3] Die Vorläufer des Haikai, Renga[4], bestanden aus einzelnen Tanka[5] (jeweils fünfzeilig, „mit fester Silbenzahl 5-7-5-7-7"[6]), die von mehreren Autoren aneinandergereiht wurden.[7] „Bereits um 760 erscheint [...] ein waka, bei dem die dreizeilige Oberstrophe (5-7-5 Silben) und die zweizeilige

---

[1] Ludwig Steinfeld: Der Weg zum Haiku. Schöpferische Freude und seelische Befreiung durch Dreizeiler-Gedichte. Düsseldorf: Patmos Verlag 1981, S. 11.

[2] Vgl. Rudolf Thiem: Haiku-Anfänge und -Entwicklungen in Japan. URL: https://www.deutschehaikugesellschaft.de/files_doc/28-Thiem.pdf [16.07.2019].

[3] Ebd.

[4] Vgl. Marion Grein: Japanische Literatur. URL: http://www.mariongrein.com/wp-con-tent/uploads/2016/09/Japanische_Literatur_Einleitung.pdf [11.07.2019].

[5] Für Tanka wird auch waka verwendet, vgl. Nao Witting: Haiku: In: Reallexikon der deutschen Literaturwissenschaft. Hg. von Klaus Weimar Bd. 2. Berlin: de Gruyter 2010, S. 4.

[6] Ebd.

[7] Vgl. Deutsche Haiku-Gesellschaft: Grundbegriffe. URL: https://deutschehaikugesellschaft.de/haikulexikon/grundbegriffe/ [04.08.2019].

Unterstrophe (7-7 Silben) von verschiedenen Autoren stammen."[8] Aus dem Tanka bildet sich das Haiku heraus, die Oberstophe (Hokku) wird ab 1500 selbstständig.[9] Waren die eigenständigen Hokku zu Beginn scherzhaft, so bildet sich mit Bashō unter Einbeziehung des Zen die Literaturgattung Haiku heraus[10], die sich vom reinen Wortspiel hin zu einem einheitlichen Stimmungsbild mit abgestimmter Wortwahl entwickelt.[11]

Auf die traditionellen formalen und inhaltlichen Regeln bzw. deren Bruch im Laufe der durch politische und kulturelle Entwicklung verbundene Haiku-Entwicklung in Japan[12] wird im Zuge der Gattungstheorie (Kapitel 2) näher eingegangen. Es werden die relevanten gattungstheoretischen Ansätze mittels Verweis auf die Entwicklung des japanischen Haiku skizziert.

Abzugrenzen ist das Haiku vom im 17. Jahrhundert aufgekommenen Senryû, welches formal der 17-silbigen Form des Haiku entspricht, aber in humoristisch-satirischen Versen menschliche

---

[8]Witting: Haiku, S. 4.

[9] Vgl. Thiem: Haiku-Anfänge und -Entwicklungen in Japan.

[10] Vgl. Gerolf Coudenhove: Japanische Jahreszeiten. Tanka und Haiku aus dreizehn Jahrhunderten. Zürich: Manesse Verlag 1963, S. 388.

[11] Vgl. Jan Ulenbrook: Nachwort. In: Haiku. Japanische Dreizeiler. Hg. von Jan Ulenbrook. Stuttgart: Philipp Reclam Jun. 2010 (=Reclam Taschenbuch, Nr. 20199), S. 278f.

[12] Vgl. Thiem: Haiku-Anfänge und -Entwicklungen in Japan.

Verhältnisse und nicht Naturimpressionen zum Inhalt hat.[13] Im Zuge dieser Hausarbeit wird das Senryû und der fließende Übergang zwischen Haiku und Senryû[14] ausgeklammert.

Im Kapitel 3 wird die Entwicklung des deutschsprachigen Haiku von den ersten Übersetzungen und Nachdichtungen bis hin zur Eigenständigkeit des deutschsprachigen Haiku mit seinen diversen Entwicklungen (traditionalistisch und modern) im gattungsgeschichtlichen Kontext dargelegt. Auf Grund des Umfangs der Hausaufgabe konzentriert sich die Betrachtung im Wesentlichen auf die Entwicklung in Deutschland, Österreich und der Schweiz; deutschsprachige Autoren aus dem Ausland und deutschsprachige Gebiete im Ausland (z.B. die Deutschsprachige Gemeinschaft in Ost-Belgien) werden nicht näher betrachtet.

Im Fazit findet sich ein Überblick über weitere Fragestellungen , die einer Erörterung bedürfen, zum einen aus den Erkenntnissen der im Rahmen dieser Hausaufgabe durchgeführten Analysen als auch im Hinblick auf hier dem Umfang der Arbeit geschuldeten Verzicht auf einige untersuchungsrelevante Aspekte.

---

[13] Vgl. Coudenhove: Japanische Jahreszeiten, S. 389.

[14] Vgl. Lia Frank: Haiku, Senryu oder Aphorismus. URL: http://kulturserver-nds.de/home/haikudhg/Archiv/Frank_%20Haiku%20Senryu%20oder%20Aphorismus.htm [10.08.2019].

„Japanische Haiku bestehen meist aus drei Wortgruppen von 5-7-5 Lauteinheiten (Moren), wobei die Wörter einfach in einer Spalte aneinander gereiht werden. Im Deutschen werden Haiku in der Regel dreizeilig geschrieben."[15] Zur vereinfachten Darstellung werden im Rahmen dieser Hausarbeit die Zeilenumbrüche durch Schrägstriche (/) dargestellt.

---

[15] Deutsche Haiku-Gesellschaft: Grundbegriffe.

2. Gattungstheorie

Beim Begriff der Gattung bzw. bei der Zuordnung eines Textes zu einer bestimmten Gattung handelt es sich um das älteste Problem der Literaturgeschichte.[16] Neben der Fülle verschiedener Auffassungen bzgl. der Existenz von Gattungen und der Zuordnung von Texten zu ebendiesen[17] ist es unausweichlich, Textgruppen zum Zweck der Kommunikation mit Namen zu versehen[18], d.h. Gattungen „fungieren als ‚institutionalisierte Organisationsformen literarischer Kommunikation'".[19] Im Folgenden werden exemplarische Möglichkeiten, mit dem Gattungsproblem umzugehen[20] an Hand des japanischen Haiku dargestellt.

---

[16] Vgl. Wolfgang Kayser: Das sprachliche Kunstwerk. Eine Einführung in die Literaturwissenschaft, S. 332.

[17] Vgl. ebd..

[18] Vgl. Benedetto Croce: Aesthetik als Wissenschaft des Ausdrucks und allgemeinen Linguistik. Theorie und Geschichte. Leipzig: Seemann 1905.

[19] Marion Gymnich: Gattung und Gattungshistoriographie. In: Handbuch Gattungstheorie. Hg. von Rüdiger Zymner. Stuttgart: J.B. Metzler´sche Verlagsbuchhandlung und Carl Ernst Poeschel Verlag 2010, S. 131.

[20] Rüdiger Zymner: Zur Gattungstheorie des ›Handbuches‹, zur Theorie der Gattungstheorie und zum »Handbuch Gattungstheorie«. Eine Einführung. In: Handbuch Gattungstheorie. Hg. von Rüdiger Zymner. Stuttgart: J.B. Metzler´sche Verlagsbuchhandlung und Carl Ernst Poeschel Verlag 2010, S. 3.

2.1 Naturformen der Dichtung

Eine Möglichkeit der Textzuordnung ist „die traditionsreiche Gattungstrias der poetischen ‚Naturformen' Lyrik, Epik und Drama"[21], basierend auf „Goethes Formulierung von den einzig existierenden drei ›Naturformen der Dichtung‘".[22] Das Haiku ist als eine Form des Kurzgedichts der Lyrik zuzuordnen.[23] Hinsichtlich der Klassifikationsebenen ist festzustellen, dass es „beliebig viele von vielstufig unterschiedenem Abstraktionsgrad"[24] gibt. Auf das Haiku übertragen können diese Abstraktionsgrade Silbenzahl oder die Verwendung eines Jahreszeitworts sein (das moderne Haiku weicht hier von der klasssichen Form ab, vgl. Kapitel 3.5.3). Die Festschreibung der Gattungstrias als Naturformen ist in so weit problematisch, als dass dies „zur Marginalisierung oder gar zum Ausschluss von Gattungen, die nicht in dieses triadische Schema passen"[25] führt. „Eine Grobeinteilung in drei [...] Gattungen greift angesichts der Vielfalt der Gattungslandschaft unwei-

---

[21] Harald Fricke: Norm und Abweichung. Eine Philosophie der Literatur, S. 113f.

[22] Harald Fricke: Aspekte der literaturwissenschaftlichen Gattungsbestimmung. Methodische Aspekte. Definitionen von Gattungen. In: Handbuch Gattungstheorie. Hg. von Rüdiger Zymner. Stuttgart: J.B. Metzler´sche Verlagsbuchhandlung und Carl Ernst Poeschel Verlag 2010, S. 10.

[23] Vgl. Witting: Haiku, S. 3.

[24] Fricke: Norm und Abweichung, S. 114.

[25] Gymnich: Gattung und Gattungshistoriographie, S. 141.

gerlich zu kurz."[26] Als Beispiel sei das Haibun genannt, unter welchem Prosa im Haikai-Stil verstanden wird, d.h. Haikai werden im Prosatext eingestreut oder bilden den Abschluss.[27] Somit stellt das Haibun eine Mischform aus Lyrik und Epik dar.

2.2 Klassifizierung

„Mit einer Klassifizierung kann das Ziel verbunden sein, Gattungskategorien nur mit ähnlichen Texten zu füllen [...]."[28] Bis zum 19. Jahrhundert sind als Regeln von den Haiku-Dichtern neben der Begrenzung auf 17 Silben die Erwähnung eines Naturgegenstands und der Bezug auf ein einmaliges, gegenwärtiges Ereignis konsequent eingehalten worden.[29]

Texte sind aber „zu unterschiedlich, um aufgrund essenzieller Eigenschaften nachprüfbar klassifiziert zu werden".[30]

„Ab Shikis Zeit werden moderne, technische Elemente (wie Eisenbahn) immer häufiger einbezo-

---

[26] Ebd.

[27] Vgl. Deutsche Haiku-Gesellschaft: Grundbegriffe.

[28] Ralph Müller: Kategorisieren. In: Handbuch Gattungstheorie. Hg. von Rüdiger Zymner. Stuttgart: J.B. Metzler´sche Verlagsbuchhandlung und Carl Ernst Poeschel Verlag 2010, S. 21.

[29] Vgl. Dietrich Krusche: Haiku. Japanische Gedichte. München: dtv 1995, S. 114.

[30] Müller: Kategorisieren, S. 22.

gen"[31], „Shiki-Schüler erneuerten [..] das [...] Haiku, [...], gaben die 5-7-5-Grundform ebenso auf wie das kigo[32] und wahrten nur den Haiku-Moment."[33] Unter der Vorraussetzung, die Begriffbildung Haiku auf Basis einer Familienähnlichkeit vorzunehmen, sind auch von 17 Silben abweichende Texte als Haiku zu klassifizieren, wenn die übrigen Charakteristika erfüllt sind.[34] Das gilt insbesondere, da auch die japanischen Haiku-Klassiker, u.a. auch Bashō, dieses 5-7-5-Grundmuster verlassen.[35]

2.3 Begriff des Prototyps

Die Versuche, das Haiku einer Klassifizierung zu unterziehen, sind also nicht eindeutig. Vielmehr sind Haiku keine „diskrete Einheiten mit klar umrissenen Grenzen (starre und ›trennscharfe‹ ›Begriffsschubladen‹), sondern sie lassen sich eher als in ihren Grenzen ›ausfransende‹ oder ›verschwimmende‹ semantische Bündel betrachten, in deren Zentrum so etwas wie ein bestes Beispiel, ein Prototyp steht."[36] Als solcher Prototyp

---

[31] Thiem: Haiku-Anfänge und -Entwicklungen in Japan.

[32] kigo = Jahreszeitenwort, vgl. Klaus-Dieter Wirth: Der Ruf des Hototogisu. Grundbausteine des Haiku Teil 1. München: Allitera Verlag 2019, S. 31.

[33] Thiem: Haiku-Anfänge und -Entwicklungen in Japan.

[34] Vgl. Müller: Kategorisieren, S. 21.

[35] Vgl. Thiem: Haiku-Anfänge und -Entwicklungen in Japan.

[36] Rüdiger Zymner: Biopoetische/Kognitionswissenschaftliche Gattungstheorie. In:

kann das berühmteste Haiku gelten, Bashōs[37] „Der alte Teich. / Ein Frosch springt hinein - / das Geräusch des Wassers."[38]

Durch die Beschreibung solch eines Prototypen „besteht auch die Möglichkeit, auf deutliche Abweichungen vom Prototypischen einzugehen. Allerdings sind einzelne Kategoriemerkmale ihrerseits kategorisierbar und somit prototypisch strukturiert."[39] Abweichende Merkmale sind z.B. die Verletzung der 5-7-5-Regel oder der Verzicht auf ein Jahreszeitwort der im 20. Jahrhundert entstandenen Gendai-Haiku[40]. Dem Haiku einen eindeutigen Prototyp zuzuweisen ist somit nicht möglich.

2.4 Lexikographische Bestimmung

Bei der lexikographischen Bestimmung des Haiku wird der Begriff Haiku nicht definiert, sondern expliziert. Das bedeutet, statt einer Begrenzung wird die gesamte Bedeutung des Wortes Haiku

Handbuch Gattungstheorie. Hg. von Rüdiger Zymner. Stuttgart: J.B. Metzler´sche Verlagsbuchhandlung und Carl Ernst Poeschel Verlag 2010, S. 162.

[37] Vgl. Wirth: Der Ruf des Hototogisu, S. 18.

[38] Dietrich Krusche: Haiku. Bedingungen einer lyrischen Gattung. Stuttgart: Thienemann 1984, S. 48.

[39] Müller: Kategorisieren ‚S. 22.

[40] Vgl. Dietmar Tauchner: Gedanken zum Gendai-Haiku in deutscher Sprache. In: Lotosblüte (2014), S. 38.

erfasst.[41] Es werden „notwendige, nicht aber hinreichende Bedingungen der Anwendung und des betroffenen Wortes genannt.“[42] Je nach Zeitraum werden andere charakteristische Merkmale berücksichtigt. Des Weiteren müssen zwar alle zugehörigen Texte wesentliche Merkmale gemeinsam haben, aber es handelt sich „um einen Begriff mit offener Struktur [...], also ein Begriff, der erlaubt, neue literarische Werke – Werke mit neuen charakteristischen Merkmalen – [...]“[43] hinzuzufügen. Beispielhaft ist dies an folgendem Auszug einer Haiku-Explikation zu belegen:

> „Als übertragene Gattungsbezeichnung für deutsche [...], in aller Regel reimlose Kurzgedichte impliziert der Terminus Haiku weniger strikte Formbestimmungen, immer aber einen deutlich signalisierten Bezug auf das fernöstliche Vorbild.“[44]

Als wesentliches Merkmal ist hier die Reimlosigkeit zu nennen, dennoch kann in Ausnahmefällen ein gereimtes Gedicht gemäß obiger Explikation ein Haiku sein.

---

[41] Vgl. Werner Strube: Zur Klassifikation literarischer Werke. In: Gattungstheorie und Gattungsgeschichte. Ein Symposion. Hg. von Dieter Lamping und Dietrich Weber. Wuppertal: Bergische Universität – Gesamthochschule Wuppertal 1990, S. 134.
[42] Ebd., S. 135.
[43] Ebd.
[44] Witting: Haiku, S. 4.

2.5 Gattungsgeschichtliche Betrachtung

Die gattungsgeschichtliche Entwicklung lässt sich prinzipiell in drei Phasen einteilen: Gattungsformung, Gattungsfortbestand und Auflösungsphase.[45] Die Entwicklung des Haiku ist dabei an politische Geschichte und Kulturentwicklung gekoppelt.[46] Exemplarisch seien die folgenden Entwicklungsstufen des japanischen Haiku aufgezählt:

- Themenerweiterung um „die kleinen Freuden und Nöte des Alltags"[47]
- Autonomie des Haiku (Loslösung der überwiegenden Verwendung in Reisetagebüchern)[48]
- Jahrhundertwende zum 20. Jahrhundert markiert den Beginn des modernen Haiku[49]

---

[45] Vgl. Gymnich: Gattung und Gattungshistoriographie, S. 133.

[46] Vgl. Thiem: Haiku-Anfänge und -Entwicklungen in Japan.

[47] Ulenbrook: Nachwort, S. 295.

[48] Vgl. Yûji Nawata: Wasser und Wolken ziehen wie immer dahin. In: Lob des Taifuns. Reisetagebücher in Haiku. Hg. von Durs Grünbein. Frankfurt am Main und Leipzig: Insel Verlag 2008, S. 115.

[49] Vgl. Jörg Quenzer: Die Geburtsstunde des modernen Haiku in Japan: Erste Anthologie zum modernen Haiku in deutscher Sprache erschienen. URL: https://www.hamburg.emb-japan.go.jp/downloads/jaeb/jaeb161.pdf [21.07.2019].

Dies deutet darauf hin, dass das Haiku als Gattung Überlebens- und Entwicklungschancen besitzt, da sich das Regelsystem als variabel und anpassungsfähig zeigt.[50]

2.6 Begriff der Institution

Die Entstehung von literarischen Gattungen lässt sich als Institutionalisierung auffassen[51], d.h. es kommt zu einer Konsensbildung, „in wie weit eine Gruppe oder Reihe von Texten [...] Antworten zu liefern vermag."[52] Unter diese Konsensbildung fallen die bereits erläuterten formalen und inhaltlichen Regeln.

2.7 Begriff der Textsorte

Ausgehend vom Haiku als Textsorte lässt sich ein Text als Haiku bezeichnen, „wenn er nicht nur sprachliche Ausdrucksphänomene, sondern auch semantische und pragmatische Grundzüge wie Motivik, Handlungsstruktur oder dominante Sprechsituationen"[53] aufweist. Unter diesem Blickwinkel lassen sich auch stark verkürzte Haiku der Textsorte Haiku zuordnen, so lange die übrigen Grundzüge erhalten bleiben. Deutlich

---

[50] Vgl. Gymnich: Gattung und Gattungshistoriographie, S. 155.

[51] Vgl. ebd., S. 148.

[52] Ebd., S. 148.

[53] Harald Fricke: Invarianz und Variabilität von Gattungen. In: Handbuch Gattungstheorie. Hg. von Rüdiger Zymner. Stuttgart: J.B. Metzler´sche Verlagsbuchhandlung und Carl Ernst Poeschel Verlag 2010, S. 20.

wird das z.B. an Gregor Graf, der zunächst in der klassischen 5-7-5-Silbenfolge gedichtet hat („Das Fenster offen, / schreibt er ihr von den zarten / rosa malven nur."[54]) und später seine Haiku ohne Verlust der Aussagekraft formal stark verkürzt hat („er schreibt ihr / von rosa / malven nur"[55]).

---

[54] Gregor Graf: Haiku im Abendwind. Poesie auf drei Zeilen. Norderstedt: BoD-Books on Demand 2015, S. 28.
[55] Gregor Graf: nichts weiter. drei Zeilen nur. Norderstedt: BoD-Books on Demand 2018, S. 53.

3. Das deutschsprachige Haiku

„Bis zur Mitte des neunzehnten Jahrhunderts hatte Japan eine Politik der strikten Abschließung nach außen verfolgt."[56], d.h. japanische Literatur und insbesondere das Haiku waren in Europa unbekannt. Erst „Zur Zeit der Jahrhundertwende hatte die japanische Kunst allgemein in Deutschland Anerkennung gefunden. [...] Zwar mehrten sich allmählich die Übersetzungen der Japanologen, aber diese Arbeiten der Wissenschaftler konnten und wollten nur ein sehr begrenztes Publikum erreichen."[57] Im Folgenden wird dargelegt, in welcher Weise sich das deutschsprachige Haiku ab diesem Zeitpunkt zunächst über Nachdichtungen, ersten deutschen Haiku, über die Eigenständigkeit des deutschsprachigen Haiku bis hin zu seinen modernen Ausprägungen entwickelt hat. Die einzelnen Entwicklungsstufen werden dabei jeweils in den gattungstheoretischen Kontext eingeordnet.

3.1 Übersetzungen aus dem Japanischen

Für Übersetzungen gilt generell: „jedes Übersetzen [...] bedeutet [...] ein Überqueren von Sprachbarrieren"[58]. Dabei lassen sich japanische Haiku auf

---

[56] Ingrid Schuster: China und Japan in der deutschen Literatur 1890-1925. Bern und München: Francke 1977, S. 9.
[57] Ebd., S. 43f.
[58] Rudolf Thiem: Möglichkeiten, Probleme und Grenzen beim Übertragen japanischer Haiku. URL:

Grund der sprachlichen Unterschiede auf Deutsch eigentlich nicht wiedergeben. So unterscheiden sich japanische und deutsche Silben; auch ist die Zählweise der Grundeinheiten problematisch.[59] „Bemühungen um das Erschließen eines sonst ganz fremd bleibenden Kulturbereichs"[60] kommen hinzu. Vorgenommene Übersetzungen lassen sich dabei nach den folgenden Kriterien unterscheiden:

- Einbringung von Reimen, die im Original nicht vorhanden sind
- Angemessene Wiedergabe der Originale, ohne die vorgegebene Silbenzahl zu beachten
- Einhaltung der formalen Vorgaben (5-7-5 Silben-Schema)[61]

„Die frühesten Erschließer japanischer Dichtung legten ihr Hauptaugenmerk auf die altjapanische Lyrik und das Tanka. Das Haiku wurde für das Deutsche erst nach 1900 richtig erschlossen."[62] Erste Haiku wurden bereits 1894 in Carl Florenz ‚Dichtergrüße aus dem Osten' wiedergegeben,

---

https://www.deutschehaikugesellschaft.de/files_doc/01-Thiem.pdf [16.07.2019].

[59] Vgl. Thiem: Haiku-Anfänge und -Entwicklungen in Japan.
[60] Thiem: Möglichkeiten, Probleme und Grenzen beim Übertragen japanischer Haiku.
[61] Vgl. ebd.
[62] Herbert Fussy: Zur Geschichte des deutschen Haiku. In: Apropos (1983). H. 1, S. 56.

allerdings als gereimte Vierzeiler.[63] Generell lässt sich für die Zeit der ersten Übersetzungen bzw. Nachdichtungen konstatieren: „die Gelehrten waren keine Dichter, und ihre Nachdichtungsversuche mißlangen gewöhnlich."[64], „so daß viele Gedichte unfreiwillig komisch wirken".[65] Von Bedeutung für die Entwicklung des eigenständigen deutschen Haiku waren erst die Rottauscherchen Übertragungen[66] (vgl. Kapitel 3.3.1).

3.2 Erste eigenständige deutsche Haiku (1920er-1933)

„Die ersten ‚selbständigen' deutschen Haiku (obgleich als solche nicht ausdrücklich tituliert) [...] erschienen 1898 in der Gedichtsammlung ‚Polymeter' von Paul Ernst."[67] In dieser Zeit Zeit verfassen auch Alfred Mombert und Arno Holz Dreizeiler von inhaltlicher Selbständigkeit, die in der Gestaltung dem Haiku nahekommen.[68]

In den 1920er-Jahren wurden erstmals Texte verfasst, die ausdrücklich die Bezeichnung Hai-Kai trugen. Exemplarisch sei Rainer Maria Rilke genannt, der 1920 in einem Brief an Gudi Nölke ein

---

[63] Vgl. ebd., S. 57.

[64] Schuster: China und Japan in der deutschen Literatur 1890-1925, S. 44.

[65] Ebd., S. 58.

[66] Vgl. Fussy: Zur Geschichte des deutschen Haiku, S. 58.

[67] Fussy: Zur Geschichte des deutschen Haiku, S. 53.

[68] Vgl. ebd.

Hai-Kai verfasst hat[69] („Kleine Motten taumeln schaudernd quer aus dem Buchs; / sie sterben heute Abend und werden nie wissen, / daß es nicht Frühling war."[70]) sowie Ivan Goll, der 1926 „Zwölf Hai-Kai´s der Liebe"[71] veröffentlicht. Rilkes Hai-Kai erfüllt die formalen Aspekte des Haiku nicht, und auch bei Goll erfüllt nur eines der zwölf Hai-Kai die 5-7-5- Regel („Totenkopf des Monds: / Giftzeichen für Liebende / Die Nacht-wind trinken!"[72]). Knappheit in der Formulierung war zwar die Herausforderung, „formelle Regeln für Haiku wurden dabei sehr oft vergessen[…]."[73]

Generell ist in dieser Zeit ein unreflektierter Ge-brauch des Haiku sowie seiner formalen und in-haltlichen Charakteristika festzustellen. Exempla-risch sei dies an Klabund erläutert: „Damals er-dachte ich mein erstes chinesisches Gedicht: es war ganz kurz, das was die Japaner Hokku nen-nen: Du liebst den Henker. / Täglich ermordet er dich. / Ewig fließt dein Blut. / Du aber lä-

---

[69] Vgl. Sabine Sommerkamp: Die deutschsprachige Haiku-Dichtung. Von den Anfängen bis zur Gegenwart. In: Deutsch-Japanische Begegnung in Kurzgedichten. Hg. von Tadao Araki. München: Iudicium-Verlag 1992, S. 79.
[70] Rainer Maria Rilke: Sämtliche Werke. Zweiter Band. Wiesbaden: Insel-Verlag 1956, S. 245.
[71] Ivan Goll: Hai-Kai. In: Die literarische Welt 2 (1926). H. 46, S. 3.
[72] Ebd.
[73] Nawata: Wasser und Wolken ziehen wie immer dahin, S. 113f.

chelst."[74] Selbst wenn die Bezeichnung Hokku zuträfe (das Hokku bezeichnet die ersten drei Zeilen des Tanka[75]), so ist die Bezeichnung als chinesisches Gedicht nicht zutreffend. Neben der formalen Abweichung (4 Zeilen und von 5-7-5-abweichende Silbenzahl) weist das Gedicht mangelnde Anschaulichkeit auf: „es sind erdachte, nicht erfühlte Zeilen."[76]

3.3. Das Haiku während der NS-Zeit

Von einzelnen Bashō-Texten abgesehen, die in der Fachjapanologie Anfang der 1930er-Jahre Beachtung finden, stagniert die Verbreitung japanischer Lyrik mit Publikation der Anthologie ‚Die Seele Japans' durch Ludwig Harald Schütz im Jahre 1929.[77] Generell steht die Literatur in der Zeit von 1933-1945 „im politischen Kontext der sog. ›Achse Berlin – Rom – Tōkyō‹."[78] Deutlich wird der Einfluss des NS-Regimes z.B. in der Konzeption von Paul Lüths Anthologie „Frühling Schwerter Frauen"[79]. Die durch den Reimzwang sinnver-

---

[74] Schuster: China und Japan in der deutschen Literatur 1890-1925, S. 51.

[75] Vgl. Deutsche Haiku-Gesellschaft: Grundbegriffe.

[76] Schuster: China und Japan in der deutschen Literatur 1890-1925, S. 51.

[77] Vgl. Andreas Wittbrodt: Hototogisu ist keine Nachtigall. Traditionelle japanische Gedichtformen in der deutschsprachigen Lyrik (1849-1999). Göttingen: V&R unipress 2005; S. 77.

[78] Ebd., S. 79.

[79] Vgl. ebd., S. 82.

fremdeten Übertragungen erinnern eher an Ritornelle als an Haiku. Es finden Begriffe wie „Brandfackeln", „Opfern" und „Endsieg" Verwendung[80], „unzweifelhaft bekundet Lüth dabei seine politische ›Gesinnung‹."[81]

„Die japanische Lyrik stand während der Jahre 1933 bis 1945 jedoch nicht allein im Dienst der NS-Propaganda, sie hatte vielmehr auch, in Gestalt der erstmals 1939 publizierten Anthologie „Ihr gelben Chrysanthemen!" Anna von Rottauschers [...] Teil an der Literatur der Inneren Emigration."[82] Diese beinhaltet ausschließlich Übersetzungen[83] (thematisch der Naturlyrik zuzuordnern, ein typisches Themenfeld innerhalb der Inneren Emigration als Distanznahme gegenüber dem diktatorischen Herrschaftssystem[84]), eigene Haiku wurden 1939 z.B. von Robert Joseph Koc verfasst.[85]

3.3.1 Innere Emigration (am Beispiel Anna von Rottauscher)

Die Übertragungen Rottauschers stellen einen wichtigen Schritt in der Entwicklung des deut-

---

[80] Vgl. ebd., S. 79ff.

[81] Ebd., S. 84.

[82] Ebd., S. 85.

[83] Ebd.

[84] Vgl. Ralf Schnell: Innere Emigration: In: Reallexikon der deutschen Literaturwissenschaft. Hg. von Klaus Weimar Bd. 2. Berlin: de Gruyter 2010, S. 146f.

[85] Vgl. Fussy: Zur Geschichte des deutschen Haiku, S. 55.

schen Haiku dar.[86] Ihre Bedeutung „erkennt man an der ersten Sammlung mit deutschen Haiku überhaupt, Karl Kleinschmidts ‚Der schmale Weg' von 1953, sowie an den meistgelesenen deutschen Haiku, jenen von Imma von Bodmershof."[87] (vgl. Kapitel 3.4.2).

Zum einen unterstreicht die erstmalig ausschließliche Pubklikation von Haiku die Eigenständigkeit gegenüber dem Tanka, zum anderen findet zum ersten Mal im deutschen Sprachraum das Anordnungsprinzip der Jahreszeitenfolge japanischer Gedichtanthologien Anwendung[88], „man findet je ein Kapitel ›Frühling‹, ›Sommer‹, ›Herbst‹ und ›Winter‹."[89] „Die Zahl der Silben [...] bewegt sich zwischen neun [...] und weit über 20"[90], dennoch werden die Gedichte in ihrem Zusammenhang als Haiku wahrgenommen.[91]

3.3.2 Formale Entwicklungen (am Beispiel Robert Joseph Koc)

„1939 besuchte Robert Joseph Koc [...] Japan und schrieb dort einige einfühlsame Haiku [...], die die japanische Landschaft einfangen."[92] und

---

[86] Vgl. ebd., S. 58.
[87] Ebd.
[88] Vgl. Wittbrodt: Hototogisu ist keine Nachtigall, S. 85.
[89] Ebd.
[90] Ebd.
[91] Vgl. ebd.
[92] Fussy: Zur Geschichte des deutschen Haiku, S. 55.

Jahreszeiten zum Inhalt haben.[93] Formal orientierte sich Koc dabei erstmals ausschließlich an der 5-7-5-Form.[94]Auf Grund der erst 1975 erfolgten Publikation ist ein direkter Einfluss auf die deutsche Haiku-Literatur nicht gegeben[95], jedoch lässt sich durch die Veröffentlichung von Haiku der Wiener Autorengruppe (vgl. Kapitel 3.4.1) in den von ihm herausgegebenen „Blätter für das Wort"[96] ein gewisser Einfluss vermuten, dessen weitere Untersuchung den Rahmen dieser Hausaufgabe übersteigt.

3.4 Eigenständigkeit des deutschsprachigen Haiku (1945-1979)

„Im Rahmen der intensiven Übersetzungstätigkeit, die nach dem Ende des II. Weltkriegs als Reaktion auf die vorausgegangene gesellschaftliche und kulturelle Abschottung Deutschlands einsetzte, entstanden auch einige Anthologien mit Übertragungen japanischer Lyrik."[97], die den „Japonis-

---

[93] Vgl. Margret Buerschaper: Das deutsche Kurzgedichtin der Tradition japanischer Gedichtformen. Göttingen: Graphikum Dr. Mock Nachf. A.H. Kurz 1987, S. 96.

[94] Vgl. Hachirō Sakanishi: Form und innere Spannung der Haiku-Dichtung. In: Deutsch-Japanische Begegnung in Kurzgedichten. Hg. von Tadao Araki. München: Iudicium-Verlag 1992, S. 59.

[95] Vgl Wittbrodt: Hototogisu ist keine Nachtigall, S. 134.

[96] Vgl. Buerschaper: Das deutsche Kurzgedichtin der Tradition japanischer Gedichtformen, S. 126.

[97] Wittbrodt: Hototogisu ist keine Nachtigall, S. 98.

mus der Vorkriegszeit" fortsetzten.[98] Eine Zäsur bei den Übertragungen ist 1952 festzustellen; ab diesem Zeitpunkt wird der Japonismus nicht, „wiewohl er in bestimmten Fällen gleichsam ›atmosphärisch‹ weiterwirkt, noch einmal zum dominierenden Faktor"[99]. 1953 wird von Karl Kleinschmidt erstmals ein deutschsprachiger Haiku-Band veröffentlicht[100], seine „Gedichte sind [...] durchweg allein auf die Fauna und Flora der österreichischen Natur bezogen."[101] „Er erfüllt nicht die Versvorgabe des klassischen Siebzehnsilbenmusters (5 / 7 / 5), sondern hält sich formal und inhaltlich stark an sein ‚Haiku-Quelle‘, die Übersetzungen Anna von Rottauschers."[102]

Zur Etablierung des eigenständigen deutschen Haiku maßgeblich beigetragen haben die nachfolgend näher betrachteten Autoren.

3.4.1. Wiener Kreis „Artmann, Altmann, Okopenko, Weissenborn"

In „den vierziger bis zu den fünfziger Jahren gelangte in Wien die Haiku-Dichtung mit Hans-Carl Artmann [...], René Altmann [...] und Andreas Okopenko [...] als Mittelpunkt zu einem plötzli-

---

[98] Vgl. ebd., S. 99.

[99] Wittbrodt: Hototogisu ist keine Nachtigall, S. 111.

[100] Vgl. Nawata: Wasser und Wolken ziehen wie immer dahin, S. 114.

[101] Wittbrodt: Hototogisu ist keine Nachtigall, S. 202.

[102] Sommerkamp: Die deutschsprachige Haiku-Dichtung, S. 84.

chen Aufschwung."[103] Hans Weissenborn ist diesem Kreis ebenfalls hinzuzurechnen.[104] Die Bedeutung dieser Autorengruppe lässt sich exemplarisch an den Texten Artmanns aufzeigen: „[...] die Natur-Thematik sowie die Dartsellung konkreter Gegebenheiten aus der Natur und in der Natur, treten [...] deutlich [...] hervor."[105] Die Darstellung von Vergänglichkeit wird dabei mit Hilfe besonders poetischer Bilder erreicht.[106]

3.4.2 Imma von Bodmershof

Auch „Imma von Bodmershofs ab 1962 veröffentlichten Haiku-Bände trugen viel dazu bei, die Gattung des deutschen Haiku zu etablieren."[107] Ihre Haiku lassen sich teils als Prototyp für das Haiku bezeichnen, so z.B. dieses:

„Schau mitten im Ei / klein und gelb eine Sonne – / wie kam sie hinein?"[108]

„Es hält sich an das Silbenschema 5-7-5 und nennt als Jahreszeitenwort das Ei, das mit Ostern

---

[103] Sakanishi: Form und innere Spannung der Haiku-Dichtung, S. 60.
[104] Vgl. Sommerkamp: Die deutschsprachige Haiku-Dichtung, S. 84.
[105] Wittbrodt: Hototogisu ist keine Nachtigall, S. 288.
[106] Vgl. ebd., S. 295.
[107] Nawata: Wasser und Wolken ziehen wie immer dahin, S. 114.
[108] Imma v. Bodmershof: Haiku. München: Albert Langen Georg Müller Verlag 1962, S. 14.

(dem Fest der Auferstehung Christi) assoziiert wird. Das heißt, es steht für den Frühling."[109], die Bildsprache löst sich hiermit von traditionellen japanischen Begriffen.

> „Vergleicht man Bodmershofs Haiku mit den Übersetzungen in der Anthologie von Rottauscher, auf deren Vorbild sie im wesentlichen zurückgehen, [...] hat sich Bodmershof [...] in sprachstilistischer Hinsicht an Rottauschers Vorbild orientiert. Nennenswerte Unterschiede zwischen den Gedichten werden allein auf der Ebene der Form sichtbar. Folgen auch nicht alle Gedichte in „Haiku" strikt dem schulgerechten Muster ›5-7-5‹, so bildet es doch deren ‚formale Grundlage'."[110] „Im Zuge ihrer eingehenden Haiku-Studien überarbeitet sie später auch die längeren Dreizeiler dieser Sammlung."[111]

Dabei verkürzt sie ihr Haiku mit dem Silbenschema 7-9-5 „Löwenzahn – Spielverderber / da alles kaum blüht bläst er Samen / Herbst in das Frühjahr."[112] auf die „Quasi-Norm des Haiku"[113],

---

[109] Kenji Takeda: Über die Haiku-Dichtung in Deutschland. In: Sommergras 100 (2013), S. 56.

[110] Wittbrodt: Hototogisu ist keine Nachtigall, S. 210f.

[111] Sommerkamp: Die deutschsprachige Haiku-Dichtung, S. 85.

[112] Bodmershof: Haiku, S. 26.

[113] Wittbrodt: Hototogisu ist keine Nachtigall, S. 211.

ohne dabei den Sinngehalt zu verändern: „Löwen-
zahn-Wölkchen - / alles blüht – er bläst Samen: /
Herbst in das Frühjahr."[114]

Neben der besonderen Bedeutung des Formalen
sind es „fünf Grundprinzipien, nach denen sich
ihre Haiku zusammensetzen [...]: (1) Bild, (2) zwei,
gegensätzliche Pole, (3) Bewegung, (4) Symbol und
(5) Bedeutung."[115]

3.4.3 Das Dreigestirn des Bündner Haiku

Im gleichen Zeitraum, in dem sich das Haiku in
Deutschland und Österreich entwickelte, gab es
ähnliche Tendenzen in der deutschsprachigen
Schweiz. Von besonderer Bedeutung ist dabei das
„Dreigestirn des Bündner Haiku – Leonie Patt,
Flandria von Salis und Heinrich Reinhardt".[116]
Dem Umfang der Hausaufgabe geschuldet wird im
Folgenden exemplarisch auf Flandrina von Salis,
die „zu den Pionieren der Haiku-Dichtung in
deutscher Sprache"[117] gehört, näher eingegangen.

---

[114] Imma v. Bodmershof: Sonnenuhr. Haiku. Bad Goisern:
Neugebauer Press 1970, S. 15.

[115] Sakanishi: Form und innere Spannung der Haiku-
Dichtung, S. 62.

[116] Rüdiger Jung: Das Dreigestirn des Bündner Haiku: Leonie Patt, Flandrina von Salis und Heinrich Reinhardt. URL:
https://www.e-periodica.ch/cntmng?pid=bjb-
002:2009:51::81 [21.07.2019].

[117] Jung: Das Dreigestirn des Bündner Haiku: Leonie Patt,
Flandrina von Salis und Heinrich Reinhardt.

Sie war die erste deutschsprachige Autorin, die ein Buch ausschließlich mit Haiku veröffentlichte.[118] Ihre Sammlung folgt dem Muster Rottauschers insofern, als dass sie der Jahreszeitenfolge angelehnt ist.[119] Abweichend „hat sie sich jedoch weitgehend an die ›5-7-5‹-Form des japanischen Haiku gehalten."[120] Wie der Untertitel ihres Buchs andeutet, handelt es sich um „Abendländische Haiku"[121], d.h. sie verwendet z.B. mit der Rose[122] ein Motiv, welches in der traditionellen japanischen Haiku-Lyrik unbekannt ist.[123] Zur Eigenständigkeit des deutsprachigen Haiku trägt bei, dass sie sich, unabhängig vom japanischen Vorbild, eigener Quellen – z.B. der griechischen Mythologie - bedient[124]:

„Reifendes Kornfeld / In heisser Mittagssonne, / - Die Stunde des Pan."[125]

---

[118] Vgl. Wittbrodt: Hototogisu ist keine Nachtigall, S. 204.

[119] Vgl. ebd., S. 205.

[120] Ebd.

[121] Flandrina von Salis: Mohnblüten. Abendländische Haiku. Olten: Vereinigung Oltner Bücherfreunde 1955, unpag. Titelblatt.

[122] Vgl. ebd., S. 32.

[123] Vgl. Wittbrodt: Hototogisu ist keine Nachtigall, S. 205.

[124] Vgl. Jung: Das Dreigestirn des Bündner Haiku: Leonie Patt, Flandrina von Salis und Heinrich Reinhardt.

[125] Salis: Mohnblüten, S. 32.

3.5 Die Entwicklung des deutschsprachigen Haiku 1979-2019

Galt das Haiku in der 1950er-Jahren „noch als Geheimwerkstatt für wenige weltenbummelnde Sprachtüftler"[126], so nehmen die Veröffentlichungen in den 1960er-Jahren dann sprunghaft zu.[127] Mit Zunahme der Veröffentlichungen verbreitete sich das Spektrum an poetologischen Grundpositionen und Sichtweisen, was grundsätzliche Regeln, Verbindlichkeitscharakter und Adaptionsmöglichkeiten betrifft. Erstmals wurde dies 1979 unter Haiku-Autoren auf der Ersten bundesdeutschen Haiku-Bienale diskutiert.[128] Die diskutierten Positionen (Imitation des Dreizeilers, neue Kurzform als poetisch gestalteter Aphorismus, keine grundsätzlichen Regeln bzw. formale Adaption)[129] sind im Hinblick auf eine traditionalistische oder moderne Auslegung des Haiku nach wie vor aktuell und werden im Folgenden näher betrachtet.

Hinsichtlich des gedanklichen Austauschs und der Weiterentwicklung des klassischen Haiku war sowohl die Gründung der nationalen Haiku-Gesellschaften als auch „die rasante Verbreitung

---

[126] Neue Züricher Zeitung: Haiku-Stille. URL: https://www.nzz.ch/haiku-stille-1.11765546 [21.07.2019].

[127] Vgl. Fussy: Zur Geschichte des deutschen Haiku, S. 56.

[128] Vgl. Sommerkamp: Die deutschsprachige Haiku-Dichtung, S. 86ff.

[129] Vgl. ebd., S. 87f.

des Internets Mitte, Ende der 1990er-Jahre, die neue Studien-Quellen und Kommunikationsmöglichkeiten weltweit erschloss"[130], förderlich.

3.5.1 Das Haiku-Verständnis der nationalen Haiku-Gesellschaften

Als nationale Haiku-Gesellschaften sind die Deutsche Haiku-Gesellschaft (DHG, gegründet 1988[131]) und die Österreichische Haiku Gesellschaft (ÖHG, gegründet 2010[132]) zu nennen. Die DHG bemüht sich um „Pflege des Haiku und verwandter Formen im deutschen Sprachraum"[133]; die ÖHG hat das Ziel der „Erforschung und Verbreitung der traditionellen japanischen Dichtkunst wie: Haiku [...] in Österreich [...]"[134]. In der Schweiz gibt es weder eine eigene Haiku-Gesellschaft[135] noch das Bedürfnis sich analog

---

[130] Tauchner: Gedanken zum Gendai-Haiku in deutscher Sprache, S. 29.
[131] Vgl. Deutsche Haiku-Gesellschaft. Die DHG. URL: https://deutschehaikugesellschaft.de/die-dhg/ [14.09.2019].
[132] Vgl. Österreichische Haiku-Gesellschaft: Ziel des Vereins. URL: http://oesterr-haikuges.at/wb/pages/ziel.php [04.08.2019].
[133] Deutsche Haiku-Gesellschaft: Satzung der Deutschen Haiku-Gesellschaft e.V. URL: https://deutschehaikugesellschaft.de/die-dhg/die-satzung/ [04.08.2019].
[134] Österreichische Haiku-Gesellschaft: Ziel des Vereins.
[135] Vgl. Klaus-Dieter Wirth: Re: deutschsprachige Haikugesellschaften (insbesondere Schweiz) / deutschschreibende

der DHG oder ÖHG zu vernetzen, „Deutschsprachige Haikuisten wenden sich an die DHG"[136].

Die ÖHG ist tendenziell dem traditionalistischen
Haiku-Verständnis verpflichtet (vgl. Kapitel 3.5.2),
während die DHG offen für moderne Ansätze ist;
so hat jedes Mitglied die Möglichkeit, Werke in der
Vierteljahresschrift Sommergras zu publizieren,
die nicht von der Redaktion ausgewählt werden[137], d.h. es finden auch die Haiku Berücksich-
tigung, die ansonsten nicht Bestandteil des Ka-
nons, der normsetzenden Werke[138], wären. Dies
ist im Hinblick auf die Veränderlichkeit des Ka-
nons von Bedeutung.[139]

Autoren im Ausland [E-Mail] [kdwirth@t-online.de;
26.08.2019].

[136] Valeria Barouch: Re: deutschsprachige Haikugesellschaften (insbesondere Schweiz) / deutschschreibende Autoren im
Ausland [E-Mail]. [valbarouch@informaniak.ch;
26.08.2019].

[137] Vgl. Deutsche Haiku-Gesellschaft: Haiku- und Tanka-
Auswahl. URL: https://deutschehaikugesellschaft.de/haiku-
und-tanka-die-auswahl/ [12.09.2019].

[138] Vgl. Ralf Zschachlitz: Kanon und Gattung. In: Handbuch
Gattungstheorie. Hg. von Rüdiger Zymner. Stuttgart: J.B.
Metzler´sche Verlagsbuchhandlung und Carl Ernst Poeschel
Verlag 2010, S. 69.

[139] Vgl. ebd.

3.5.2 Fortführung des traditionalistischen Ansatzes

„Eine generelle Unterscheidung in traditionell ausgerichtete Haiku und in moderne Haiku ist nicht mit einer Aufgliederung in 17-Silber und unregelmäßige Haiku identisch. Die Frage modern oder traditionell richtet sich allein nach inhaltlichen Kriterien."[140] Dem traditionellen Haiku-Verständnis stehen „die krampfhafte Aufwertung von Banalitäten, der Hang zum Minimalismus, das übertriebene Bemühen um Originalität, die Zuflucht zu surrealistischer Montage und das Nebeneinanderstellen auch sonst kaum verknüpfbarer Sachverhalte entgegen.[141]

„Eine der empfindlichsten Haiku-Einschränkungen, die in Österreich ziemlich streng gehandhabt wird, ist das Bestehen auf dem puren Ereignis, ohne Metapher oder Sinnbild."[142] Generell schreiben viele österreichische Haiku-Autoren nach wie vor nach den Grundprinzipien des klassischen Haiku.[143] In Deutschland sehen Haiku-Autoren dies differenzierter; beispielsweise Durs „Grünbein ist in seiner

---

[140] Fussy: Zur Geschichte des deutschen Haiku, S. 56.

[141] Vgl. Klaus-Dieter Wirth: Das Haiku am Scheideweg. In: Sommergras 101 (2013), S. 14.

[142] Traude Veran: Was ist denn jetzt wirklich ein Haiku?. In: Lotosblüte (2014), S. 26.

[143] Vgl. Tauchner: Gedanken zum Gendai-Haiku in deutscher Sprache, S. 32.

Haiku-Dichtung zunächst Traditionalist"[144], hält unter anderem an der Silbenzahl 17 fest, verzichtet aber auf den prinzipiellen Gebrauch eines Jahreszeitenworts.[145]

3.5.3 Der modernistische Ansatz (Gendai-Haiku)

„Auch in Japan ersetzt im gendai, dem modernen Haiku, der Bezug zur Lebenswelt im allgemeinen den zur reinen Natur."[146] Neben den traditionellen Themenkreisen wie Naturphänomene und Landschaft finden sich nun Gedichte zu Politik, Arbeitswelt, Freizeit, Sport, zwischenmenschlichen Beziehungen, Krankheit und Tod.[147]

„Das moderne Haiku ist gekennzeichnet durch verschlüsselte, metaphernreiche Sprache, unkonventionelle Bilder, thematische Ungebundenheit, besondere Effekte und Experimente."[148] „Zwei Merkmale charakterisieren das [...] moderne deutschsprachige Haiku: die Abkehr vom Silbenmuster 5/7/5 und der nicht mehr notwendige Naturbezug oder der Gebrauch eines Jahreszei-

---

[144] Nawata: Wasser und Wolken ziehen wie immer dahin, S. 116.

[145] Vgl. ebd., S. 118.

[146] Veran: Was ist denn jetzt wirklich ein Haiku?, S. 26.

[147] Vgl. Quenzer: Die Geburtsstunde des modernen Haiku in Japan: Erste Anthologie zum modernen Haiku in deutscher Sprache erschienen.

[148] Fussy: Zur Geschichte des deutschen Haiku, S. 56.

tenwortes."[149] Weitere Entwicklungen sind die Erweiterung um das Themenfeld Politik, z.B. „18 Haiku gegen Retrofaschisten"[150], Franz Dodels formale Variante eines Endlos-Haiku, welches täglich erweitert wird[151] und neue Wege der Rezeption, z.B. durch Abdruck eines QR-Codes neben der reinen Textform, so dass sich diese Gedichte auf ein Handy laden, dort lesen und weiterverbreiten lassen.[152]

Die moderne Haiku-Entwicklung stellt eine Gratwanderung dar, zum einen „Bashôs Forderung nach dem Neuen"[153] folgend, zum anderen der Gefahr der Banalisierung ausgesetzt, „die des Abgleitens ins pure Wortspiel, ja den platten Kalauer ohne tieferen Sinn"[154].

---

[149] Tauchner: Gedanken zum Gendai-Haiku in deutscher Sprache, S. 30.

[150] Vgl. Rudolph Bauer: Aus der Bucherscheinung "Aus gegebenem Anlass" 18 Haiku gegen Retrofaschisten. URL: http://www.nrhz.de/flyer/beitrag.php?id=25385 [27.07.2019].

[151] Vgl. Franz Dodel: Nicht bei Trost. A never ending Haiku. URL: https://www.franzdodel.ch/#1 [03.08.2019].

[152] Vgl. Oliver Bendel: Gutenbergs Rückkehr. In: B.I.T online Nr. 1 (2011), S. 21.

[153] Tauchner: Gedanken zum Gendai-Haiku in deutscher Sprache, S. 30.

[154] Ulenbrook: Nachwort, S. 275.

4. Fazit

Im Rahmen dieser Hausaufgabe wurde aufgezeigt, dass sich das Haiku als Gattung nicht eindeutig definieren lässt. Vielmehr lassen sich unterschiedliche Möglichkeiten zur Definition des Haiku heranziehen (vgl. Kapitel 2), die sich allerdings nicht allgemeingültig sondern auf einzelne Zeiträume bezogen formulieren lassen (vgl. für das deutschsprachige Haiku Kapitel 3). Die aktuelle Entwiclung des Haiku ist durch Diversität gekennzeichnet (traditionell / Gendai) und wie in dieser Arbeit dargelegt wurde noch nicht abgeschlossen.

In dieser Hausaufgabe wurden dem Umfang geschuldet einige Fragestellungen nicht vollumfänglich betrachtet. Folgende Punkte bedürfen noch einer intensiveren Untersuchung:

- Betrachtung deutschsprachiger Gebiete im Ausland (z.B. Leo Gillessen / Deutschsprachige Gemeinschaft in Belgien[155]) bzw. auf Deutsch schreibende Autoren aus dem Ausland (z.B. Dragan J. Ristic / Serbien[156]) im gattungsgeschichtlichen Kontext.
- Einflüsse des politischen und gesellschaftlichen Umfelds auf die Entwicklung des

---

[155] Vgl. Leo Gillessen: Fast Stille. Haiku. Sankt Vith: Ed. Krautgarten 2009.
[156] Vgl. Südwind. Haiku-Jahrbuch 2016. Hg. von Volker Friebel. Tübingen: Edition Blaue Felder 2016.

Haiku.[157] (z.B. bei Autoren aus der DDR, exemplarisch Durs Grünbein[158] und Adolf Endler[159])

- Der Einfluss von Robert Joseph Koc auf die Haiku-Dichtung in den Jahren zwischen Verfassung und Publikation seiner 1939 entstandenen Haiku (vgl. Kapitel 3.3.2).

- Die Gefahr der Banalisierung des Haiku (z.B. „Der Hai hat Hunger / Die Fische wollen leben / Welch ein Dilemma!"[160]). Der weiteren Untersuchung bedarf, ob es sich bei diesen Tendenzen um Parodien handelt, die dem historischen Ende einer Gattung vorausgehen.[161]

---

[157] Vgl. Thiem: Haiku-Anfänge und -Entwicklungen in Japan.

[158] Vgl. Durs Grünbein: Lob des Taifuns. Reisetagebücher in Haiku. Frankfurt am Main und Leipzig: Insel Verlag 2008.

[159] Vgl. Adolf Endler: Der Pudding der Apokalypse. Gedichte 1963-1998. Frankfurt am Main: Suhrkamp Verlag 1999.

[160] Arezu Weitholz. Merry Fishmas. München: dtv 2012, S. 27.

[161] Vgl. Gymnich: Gattung und Gattungshistoriographie, S. 155.

5. Literaturverzeichnis

Primärliteratur

Bauer, Rudolph: Aus der Bucherscheinung "Aus gegebenem Anlass" 18 Haiku gegen Retrofaschisten.   URL: http://www.nrhz.de/flyer/beitrag.php?id=25385 [27.07.2019].

Bodmershof, Imma v.: Haiku. München: Albert Langen Georg Müller Verlag 1962.

Bodmershof, Imma v.: Sonnenuhr. Haiku. Bad Goisern: Neugebauer Press 1970.

Dodel, Franz: Nicht bei Trost. A never ending Haiku.   URL: https://www.franzdodel.ch/#1 [03.08.2019].

Endler, Adolf: Der Pudding der Apokalypse. Gedichte 1963-1998. Frankfurt am Main: Suhrkamp Verlag 1999.

Gillessen, Leo: Fast Stille. Haiku. Sankt Vith: Ed. Krautgarten 2009.

Goll, Ivan: Hai-Kai. In: Die literarische Welt 2 (1926). H. 46, S. 3.

Graf, Gregor: Haiku im Abendwind. Poesie auf drei Zeilen. Norderstedt: BoD-Books on Demand 2015.

Graf, Gregor: nichts weiter. drei Zeilen nur. Norderstedt: BoD-Books on Demand 2018.

Grünbein, Durs: Lob des Taifuns. Reisetagebücher in Haiku. Frankfurt am Main und Leipzig: Insel Verlag 2008.

Rilke, Rainer Maria: Sämtliche Werke. Zweiter Band. Wiesbaden: Insel-Verlag 1956.

Salis, Flandrina v.: Mohnblüten. Abendländische Haiku. Olten: Vereinigung Oltner Bücherfreunde 1955.

Weitholz, Arezu. Merry Fishmas. München: dtv 2012.

Sekundärliteratur

Barouch, Valeria: Re: deutschsprachige Haikugesellschaften (insbesondere Schweiz) / deutschschreibende Autoren im Ausland [E-Mail]. [valbarouch@informaniak.ch; 26.08.2019].

Bendel, Oliver: Gutenbergs Rückkehr. In: B.I.T online Nr. 1 (2011), S.19-22.

Buerschaper, Margret: Das deutsche Kurzgedicht in der Tradition japanischer Gedichtformen. Göttingen: Graphikum Dr. Mock Nachf. A.H. Kurz 1987.

Coudenhove, Gerolf: Japanische Jahreszeiten. Tanka und Haiku aus dreizehn Jahrhunderten. Zürich: Manesse Verlag 1963.

Croce, Benedetto: Aesthetik als Wissenschaft des Ausdrucks und allgemeinen Linguistik. Theorie und Geschichte. Leipzig: Seemann 1905.

Deutsche Haiku-Gesellschaft: Die DHG. URL: https://deutschehaikugesellschaft.de/die-dhg/ [14.09.2019].

Deutsche Haiku-Gesellschaft: Haiku- und Tanka-Auswahl. URL: https://deutschehaikugesellschaft.de/haiku-und-tanka-die-auswahl/ [12.09.2019].

Deutsche Haiku-Gesellschaft: Grundbegriffe. URL: https://deutschehaikugesellschaft.de/haikulexikon/grundbegriffe/ [04.08.2019].

Deutsche Haiku-Gesellschaft: Satzung der Deutschen Haiku-Gesellschaft e.V. URL: https://deutschehaikugesellschaft.de/die-dhg/die-satzung/ [04.08.2019].

Frank, Lia: Haiku, Senryu oder Aphorismus. URL: http://kulturserver-nds.de/home/haikudhg/Archiv/Frank_%20Haiku%20Senryu%20oder%20Aphorismus.htm [10.08.2019].

Fricke, Harald: Aspekte der literaturwissenschaftlichen Gattungsbestimmung. Methodische Aspekte. Definitionen von Gattungen. In: Handbuch Gattungstheorie. Hg. von Rüdiger Zymner. Stuttgart: J.B. Metzler´sche Verlagsbuchhandlung und Carl Ernst Poeschel Verlag 2010, S. 10-12.

Fricke, Harald: Invarianz und Variabilität von Gattungen. In: Handbuch Gattungstheorie. Hg. von Rüdiger Zymner. Stuttgart: J.B. Metzler´sche Verlagsbuchhandlung und Carl Ernst Poeschel Verlag 2010, S. 19-21.

Fricke, Harald: Norm und Abweichung. Eine Philosophie der Literatur. München: C.H. Beck´sche Verlagsbuchhandlung (Oscar Beck) 1981.

Fussy, Herbert: Zur Geschichte des deutschen Haiku. In: Apropos (1983). H. 1. S.52-58.

Grein, Marion: Japanische Literatur. URL: http://www.mariongrein.com/wp-con-tent/uploads/2016/09/Japanische_Literatur_Ein leitung.pdf [11.07.2019].

Gymnich, Marion: Gattung und Gattungshistoriographie. In: Handbuch Gattungstheorie. Hg. von Rüdiger Zymner. Stuttgart: J.B. Metzler´sche Verlagsbuchhandlung und Carl Ernst Poeschel Verlag 2010, S. 131-158.

Jung, Rüdiger: Das Dreigestirn des Bündner Haiku: Leonie Patt, Flandrina von Salis und Heinrich Reinhardt. URL: https://www.e-periodica.ch/cntmng?pid=bjb-002:2009:51::81 [21.07.2019].

Kayser, Wolfgang: Das sprachliche Kunstwerk. Eine Einführung in die Literaturwissenschaft. Tübingen und Basel: Francke 1992.

Kindlers Literatur Lexikon Online: Masaoka Shiki. URL: http://kll-origi-nal.cedion.de/nxt/gateway.dll/kll/m/k0452200.xml?f=templates$fn=index.htm$q=%5Brank,500%3A%5Bdomain%3A%5Band%3A%5Bfield,body%3Ash-iki%5D%5D%5D%5Bsum%3A%5Bfield,lemmatitle%3Ashiki%5D%5Bfield,body%3Ashiki%5D%5D%5D$x=server$3.0#LPHit1 [18.09.2019].

Krusche, Dietrich:Haiku. Japanische Gedichte. München: dtv 1995.

Krusche, Dietrich: Haiku. Bedingungen einer lyrischen Gattung. Stuttgart: Thienemann 1984.

Müller, Ralph: Kategorisieren. In: Handbuch Gattungstheorie. Hg. von Rüdiger Zymner. Stuttgart: J.B. Metzler´sche Verlagsbuchhandlung und Carl Ernst Poeschel Verlag 2010, S. 21-23.

Nawata, Yûji: Wasser und Wolken ziehen wie immer dahin. In: Lob des Taifuns. Reisetagebücher in Haiku. Hg. von Durs Grünbein. Frankfurt am Main und Leipzig: Insel Verlag 2008, S.112-131.

Neue Züricher Zeitung: Haiku-Stille. URL: https://www.nzz.ch/haiku-stille-1.11765546 [21.07.2019].

Österreichische Haiku-Gesellschaft: Ziel des Vereins. URL: http://oesterr-haikuges.at/wb/pages/ziel.php [04.08.2019].

Quenzer, Jörg: Die Geburtsstunde des modernen Haiku in Japan: Erste Anthologie zum modernen Haiku in deutscher Sprache erschienen. URL: https://www.hamburg.emb-japan.go.jp/downloads/jaeb/jaeb161.pdf [21.07.2019].

Sakanishi, Hachirō: Form und innere Spannung der Haiku-Dichtung. In: Deutsch-Japanische Begegnung in Kurzgedichten. Hg. von Tadao Araki. München: Iudicium-Verlag 1992, S.56-75.

Schnell, Ralf: Innere Emigration: In: Reallexikon der deutschen Literaturwissenschaft. Hg. von Klaus Weimar Bd. 2. Berlin: de Gruyter 2010, S. 146-148.

Schuster, Ingrid: China und Japan in der deutschen Literatur 1890-1925. Bern und München: Francke 1977.

Sommerkamp, Sabine: Die deutschsprachige Haiku-Dichtung. Von den Anfängen bis zur Gegenwart. In: Deutsch-Japanische Begegnung in Kurzgedichten. Hg. von Tadao Araki. München: Iudicium-Verlag 1992, S.79-91.

Steinfeld, Ludwig: Der Weg zum Haiku. Schöpferische Freude und seelische Befreiung durch Dreizeiler-Gedichte. Düsseldorf: Patmos Verlag 1981.

Strube, Werner: Zur Klassifikation literarischer Werke. In: Gattungstheorie und Gattungsgeschichte. Ein Symposion. Hg. von Dieter Lamping und Dietrich Weber. Wuppertal: Bergische Universität – Gesamthochschule Wuppertal 1990, S. 105-156.

Südwind. Haiku-Jahrbuch 2016. Hg. von Volker Friebel. Tübingen: Edition Blaue Felder 2016.

Takeda, Kenji: Über die Haiku-Dichtung in Deutschland. In: Sommergras 100 (2013), S. 55-59.

Tauchner, Dietmar: Gedanken zum Gendai-Haiku in deutscher Sprache. In: Lotosblüte (2014), S.29-33.

Thiem, Rudolf: Haiku-Anfänge und -Entwicklungen in Japan. URL: https://www.deutschehaikugesellschaft.de/files_doc/28-Thiem.pdf [16.07.2019].

Thiem, Rudolf: Möglichkeiten, Probleme und Grenzen beim Übertragen japanischer Haiku. URL: https://www.deutschehaikugesellschaft.de/files_doc/01-Thiem.pdf [16.07.2019].

Ulenbrook, Jan: Nachwort. In: Haiku. Japanische Dreizeiler. Hg. von Jan Ulenbrook. Stuttgart: Philipp Reclam Jun. 2010 (=Reclam Taschenbuch, Nr. 20199), S. 271-304.

Veran, Traude: Was ist denn jetzt wirklich ein Haiku?. In: Lotosblüte (2014), S.22-29.

Wirth, Klaus-Dieter: Das Haiku am Scheideweg. In: Sommergras 101 (2013), S.13-18.

Wirth, Klaus-Dieter: Der Ruf des Hototogisu. Grundbausteine des Haiku Teil 1. München: Allitera Verlag 2019.

Wirth, Klaus-Dieter: Re: deutschsprachige Haikugesellschaften (insbesondere Schweiz) / deutschschreibende Autoren im Ausland [E-Mail]. [kdwirth@t-online.de; 26.08.2019].

Wittbrodt, Andreas: Hototogisu ist keine Nachtigall. Traditionelle japanische Gedichtformen in der deutschsprachigen Lyrik (1849-1999). Göttingen: V&R unipress 2005.

Witting, Nao: Haiku: In: Reallexikon der deutschen Literaturwissenschaft. Hg. von Klaus Weimar Bd. 2. Berlin: de Gruyter 2010, S. 3-6.

Zschachlitz, Ralf: Kanon und Gattung. In: Handbuch Gattungstheorie. Hg. von Rüdiger Zymner. Stuttgart: J.B. Metzler´sche Verlagsbuchhandlung und Carl Ernst Poeschel Verlag 2010, S. 69-71.

Zymner, Rüdiger: Biopoetische/Kognitionswissenschaftliche Gattungstheorie. In: Handbuch Gattungstheorie. Hg. von Rüdiger Zymner. Stuttgart: J.B. Metzler´sche Verlagsbuchhandlung und Carl Ernst Poeschel Verlag 2010, S. 162-164.

Zymner, Rüdiger: Zur Gattungstheorie des ›Handbuches‹, zur Theorie der Gattungstheorie und zum »Handbuch Gattungstheorie«. Eine Einführung. In: Handbuch Gattungstheorie. Hg. von Rüdiger Zymner. Stuttgart: J.B. Metzler᾽sche Verlagsbuchhandlung und Carl Ernst Poeschel Verlag 2010, S. 1-5.